Para Wilbur, a quien le gustan, un poco,
los huevos de Pascua - S. G.

Para Elsie y Elliot - M. R.

Puedes consultar nuestro catálogo en www.picarona.net

¡No soy el Conejo de Pascua!
Texto: *Saskia Gwinn*
Ilustraciones: *Matt Robertson*

1.ª edición: marzo de 2024

Título original: *I am Not the Easter Bunny!*

Traducción: *Júlia Gumà*
Maquetación: *El Taller del Llibre, S. L.*
Corrección: *Sara Moreno*

© 2023, Saskia Gwinn por el texto
© 2023, Matt Robertson por las ilustraciones
Publicado por acuerdo con Simon & Schuster UK Ltd.
Londres, Reino Unido. A Paramount Company.
(Reservados todos los derechos)

© 2024, Ediciones Obelisco, S. L.
www.edicionesobelisco.com
(Reservados los derechos para la lengua española)

Edita: Picarona, sello infantil de Ediciones Obelisco, S. L.
Collita, 23-25. Pol. Ind. Molí de la Bastida
08191 Rubí - Barcelona - España
Tel. 93 309 85 25
E-mail: picarona@picarona.net

ISBN: 978-84-9145-692-6
DL B 13834-2023

Printed in China

¡NO
SOY
EL
ČONEJO
DE PASCUA!

Saskia Gwinn   Matt Robertson

 Picarona

Aaaahh. Qué día más GENIAL para pisotear, estampar, aplastar, golpear y asustar a todos los otros dinosaurios más pequeños que yo.

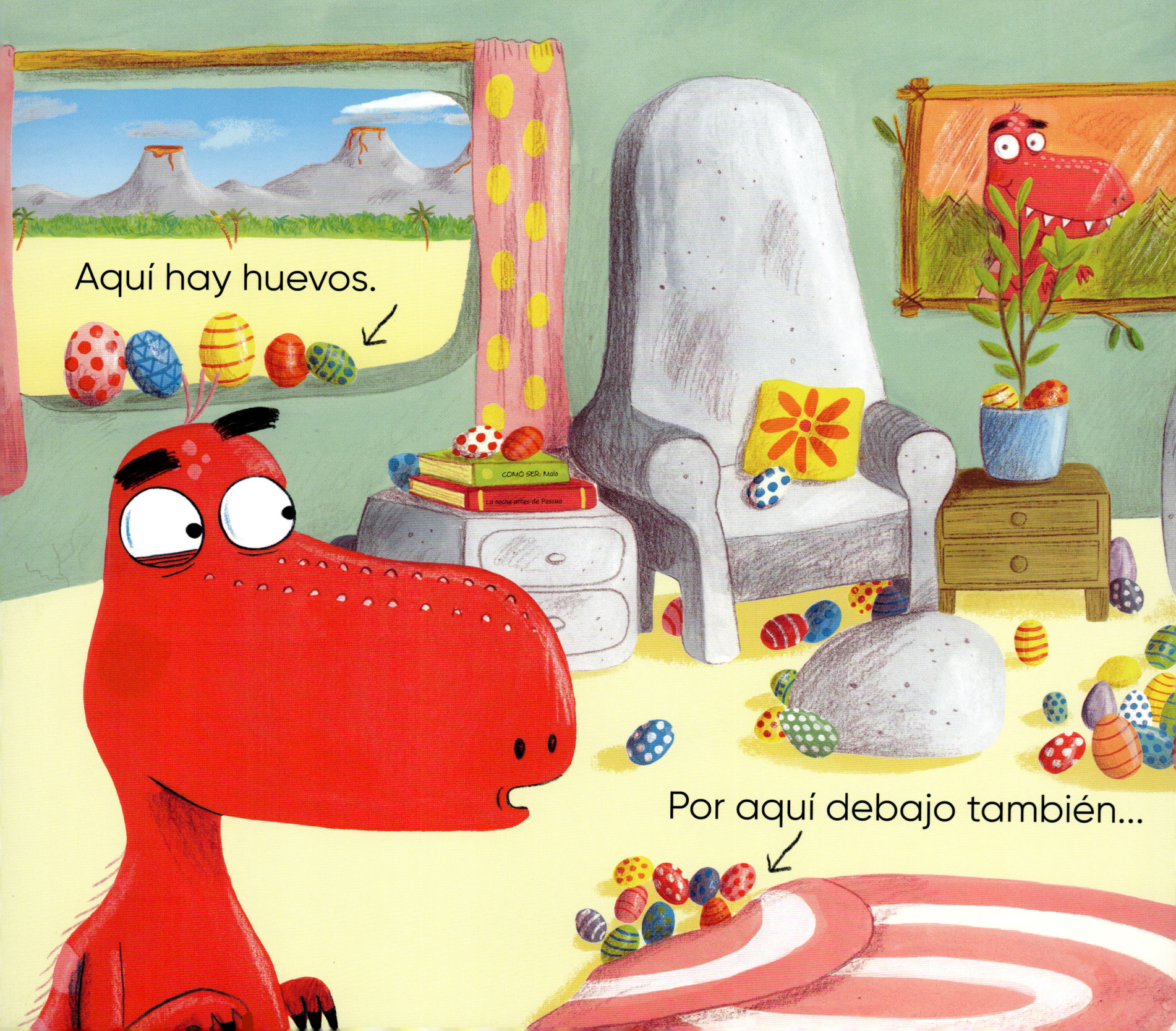

¡¡CONEJO DE PASCUA!!

Esto OTRA VEZ no.
No. No. NO.

Ya os lo dije el año pasado...
¡NO soy el Conejo de Pascua!

Soy un temible, escamoso, ruin, espantoso, aterrador y TERRIBLE T-Rex.

Y os voy a engullir...

El Conejo de Pascua
no **PISOTEA**.

Y tampoco
tiene **GARRAS**.

¡O unos dientes del
TAMAÑO DE UN PLÁTANO
en su apestosa **MANDÍBULA**!

Su cola no **SE ESTRELLA**,
¡ni da **GOLPES** y **PORRAZOS**!

Y no puede derrumbar
árboles sólo con una

¡PATADA!

Sus patas son saltarinas,
pero NO terriblemente
altas como las mías.

Oreja
pequeña

Y sus orejas son muy
largas, pero NO temibles
y pequeñas.

Un T-Rex es **BRUSCO**, y tan fiero como puede **SERLO**.
Les encanta RUGIR. Basta con escucharme...

RRRRRR!

El Conejo de Pascua no ruge. Es ridículo y repipi y, de todos modos, todo el mundo sabe que el Conejo de Pascua es...

Oooooooh.

¿Qué es ese OLOR?

Es dulce y empalagoso
y huele...

¡FENOMENAL!

Em..., puede ser que...
No pueda **PISOTEAR**.

Y, mmm..., puede que
esto no sean **GARRAS**.

Y... tal vez no tenga
los dientes del **TAMAÑO
DE UN PLÁTANO** en mi
apestosa **MANDÍBULA**.

Mi cola no siempre **SE ESTRELLA**, da **GOLPES** y **PORRAZOS**.

¿Eh?

Y tampoco puedo derrumbar *este* árbol con una sola **PATADA**.

Mis patas son bastante saltarinas, y no son TAN terriblemente altas.

Y... ¡mis orejas son bastante LARGAS, después de todo!

¡SOY EL CONEJO DE PASCUA!

Lo que significa que quiero choco...

¿¡Dónde está ese **CONEJO DE PASCUA**!?

Reciclaje